السعودية: الحقيقة المبهرة

تجربة القيم والخير داخل المملكة

مايكل ف. أندرو

The Empire Publishers publishing

131 Finsbury Pavement, London

EC2A 1NT

كتبنا يمكن شراؤها بكميات كبيرة للاستخدام
الترويجي أو التعليمي أو التجاري.

يرجى الاتصال بـ

The Empire Publishers

على +44 20 4579 8116، أو عبر البريد
الإلكتروني على

support@theempirepublishers.co.uk

" أكمل المؤمنين إيمانًا، أحسنهم
خلقً.ا"

حديث عن النبي محمد (صلى الله عليه وسلم)

" تحب الرب إلهك من كل قلبك ومن كل نفسك ومن كل عقلك".

يسوع حسب إنجيل متى ٢٢ : ٣٧-٤٠.

" أعتقد أن الدين الحقيقي الوحيد يتكون من امتلاك قلب طيب".

الدالاي لاما

عن المؤلف

وُلد مايكل ونشأ في ضواحي بوسطن، ماساتشوستس، في الولايات المتحدة. لقد شغل العديد من الأدوار التنفيذية وكان مستشارًا في مجلس الإدارة، وعضو مجلس الإدارة، ومؤلفًا في القيادة، ومستشارًا في القيادة، ومدربًا تنفيذيًا. حتى وقت كتابة هذا النص، هو "مستشار" لشركة تقدر بمليارات الدولارات في المملكة العربية السعودية. كان يملك ممارسة استشارية عالمية وهو مؤلف لثلاثة كتب أخرى. الأول، "كيف تفكر مثل المدير التنفيذي وتتصرف كقائد"، يقدم رؤى عملية حول الفطنة التجارية والقيادة وتم عرضه على فوكس مورنينج نيوز في بوسطن. الكتاب الثاني، "أعظم قائد رآه على الإطلاق"، يركز على القيادة بأساس من النزاهة والتواضع ومعاملة الناس بكرامة.

وأخيرًا، كتاب خيالي بعنوان، "لوك: رحلة ملهمة لصبي يتعلم دروسًا من خلال النكسات والانتصارات والتواضع والحب." عاش مايك السنوات العشر الماضية (حتى وقت كتابة هذا النص) في المملكة العربية السعودية وخمس سنوات قبل ذلك في دبي. لقد سافر إلى العديد من أنحاء العالم من أجل عمله.

حصل على درجة البكالوريوس في الأعمال التجارية، وماجستير في إدارة الأعمال، وشهادة ما بعد الماجستير في دراسات الإدارة المتقدمة.

يمكنك مشاهدة فيديوهات مايك عن القيادة، بالإضافة إلى فيديوهات تعرض آرائه حول الشرق الأوسط والمملكة العربية السعودية، على قنواته على وسائل التواصل الاجتماعي :

LinkedIn: @mikeandrew11

YouTube: @mfandrew

TikTok:

@mfandrew11

الإهداء

بكل حب وفخر عميق لابني الوحيد، ابني العزيز، مايكل تود، طفل ذو احتياجات خاصة وهو نعمة حقيقية في حياتي ويظهر كل يوم الخير في قلب نقي وبريء، لقد اختبرت حب الأب الثابت والحامي وتفانيه.

أنا ممتن لكل أصدقائي وزملائي الأعزاء من المملكة العربية السعودية. شكرًا لكم على الترحيب بي في بيوتكم، وقبولكم لي كصديق وزميل، وتقديمكم لي الفرص المهنية التي لا تتكرر في العمر. هذا هو ما ألهمني لكتابة هذا الكتاب لمشاركة الخير والنوايا الحسنة وقيم الشعب السعودي.

أخيرًا، أكرم ذكرى والديّ الحبيبين، جورج وجيرترود، وأخي الأصغر العزيز، تود.

الشكر والتقدير

أقدم تقديري العميق لكل من ساهم في هذا الكتاب من خلال تقديم ملاحظات بناءة، وأفكار، وضمان الدقة، وتقديم الدعم القوي: إبراهيم م. بلخنيم (أبو مصعب)، فايز عوض (أبو محمد)، غيداء س. القحطاني (أم الجوهرة)، سعود الشرحيحي (أبو البندري)، محمد أ. العبادي (أبو عبدالله)، مثاد ف. العجمي (أبو فيصل)، د. شاكر ح. المحاسنة (أبو مريم)، عبدالله أ. الكنهل (أبو عبدالرحمن)، فهد الغامدي (أبو عبدالعزيز)، بدر أ. عبدالقادر (أبو فيصل)، عبدالعزيز م. الحيدر (أبو هيا)، د. موضي م. الجامع، ويناند فان تيل (أبو فلورين)، رفان الثميري، عبدالعزيز ب. باوزير (أبو عبدالله)، أحمد م.س. الغامدي (أبو وليد)، هاني و. الأهدل (أبو خالد)، خالد م. الجربوع (أبو محمد)، إيفان كونشاروف (أبو داري)، بسام أ. السوييغ (أبو

عبدالله)، خلود برناوي، جمال شاه (أبو جلال)،
كريس لاماتش (أبو كاي)، روري هندريكس (أبو
زارا)، ونورة أ. العمير.

أنا ممتن للصداقة وأفعال اللطف من مئات من
زملائي الأعزاء. كل واحد منكم (وأنت تعرف من
أنت) جعل سنوات عملي الأخيرة الأكثر إثمارًا.
شكرًا جزيلًا.

دائمًا ما كنت أؤمن بأن المحرر المتمكن يجعل أي
كاتب يبدو جيدًا. نفس الشيء ينطبق على السيدة
ديان ويليامز، من "ذا إمباير بابليشرز"، التي
أبهرتني بعملها وجعلت هذا الكتاب أفضل للقراءة.
أشكر السيدة فيبي كولينز أيضًا التي أدارت عملية
النشر. كنت بالتأكيد في أيدٍ أمينة معكما.

فهرس

مقدمة :

الهدف من هذا الكتاب القصير هو مشاركة تجاربي كمدير أمريكي يعيش ويعمل في الشرق الأوسط. قضيت خمس سنوات في دبي وأبو ظبي في الإمارات العربية المتحدة وعشر سنوات (وما زالت مستمرة حتى كتابة هذه السطور) في المملكة العربية السعودية. ببساطة، هذه التجربة أثرت حياتي بشكل كبير.

العيش والعمل في الشرق الأوسط والتفاعل مع العديد من المواطنين السعوديين وبعض المواطنين الإماراتيين غيّر وكسر تصورات حياتي الطويلة. التصورات السلبية عن أماكن مثل السعودية متجذرة بعمق في نسبة كبيرة من الأمريكيين والغربيين. التصورات مثل كيفية معاملة النساء وعدم التسامح

تجاه الأديان والثقافات الأخرى قد تلاشت تمامًا من خلال تجاربي، والتي ستراها، وآمل أن تفهمها.

غالبًا ما أجد صعوبة عندما أحاول مناقشة وجهة نظر مختلفة مع زملائي الأمريكيين. الخبر السار هو أن العديد منهم يستمعون بعقل مفتوح ويهتمون بصدق بوجهات نظري ويفاجأون بما أشاركه. هذا هو المكان الذي يبدأ فيه التسامح - بالسعي أولاً للفهم. لطالما قلت إنه لو لم أكن قد عشت في الشرق الأوسط طوال هذه السنوات، لكانت آرائي بلا شك متوافقة مع آراء الجميع، كما تم نقلها وتصويرها من قبل وسائل الإعلام. ونتيجة لذلك، قد يكون من الصعب على المرء أن يكون منفتحًا على وجهة نظر مختلفة. آمل أن تفتح تجاربي المباشرة المقدمة في هذا الكتاب عقول القراء. أشعر أن هذا مهم، حيث يمكننا جميعًا التعلم من الثقافات المختلفة حول العالم، بما في ذلك الناس من السعودية ودول

الشرق الأوسط الأخرى. تعاليم وممارسات المسلمين، مما أراه كل يوم، تؤكد على أنه بما أننا جميعًا مخلوقون من قبل إله واحد، يجب علينا أن نعامل بعضنا البعض بكرامة واحترام ولطف.

مقدمة هذا الكتاب تنقل مسيرتي المهنية المبكرة في الولايات المتحدة. ثم أقدم قصصًا عن العيش والعمل في الإمارات العربية المتحدة، خاصة في دبي وأبو ظبي، والتي بدأت تعريفي بالثقافة الشرق أوسطية. لكن القصص الأكثر عمقًا ومعنىً ستأتي من حياتي في المملكة العربية السعودية.

آمل أن تجد القصص التالية، مع الدروس المستفادة والأمثلة على مدى لطف الإنسانية، صدى لديك، أيها القارئ. كل يوم أشعر بالامتنان لتجربة اللطف والاحترام الذي تم إظهاره لي. لقد تعلمت واختبرت مفهوم الشعور بالترحيب الحقيقي. العيش في السعودية قد غير تمامًا الأفكار المسبقة التي كانت

3

تملأ ذهني من قبل وكان عكس توقعاتي الأصلية لما كنت مقتنعًا بأنني سأختبره.

اسمحوا لي أن أنهي هذه المقدمة بهذا التعليق: العيش في السعودية ودبي وأبو ظبي قد غير حياتي - كل ذلك بأفضل الطرق الممكنة. الأمر ليس متعلقًا بالمناظر الطبيعية. بالنسبة لي، لا يوجد شيء أجمل من المناظر الطبيعية في نيو إنجلاند مع جبالها وبحيراتها والمحيط حيث نشأت. الأمر يتعلق باللطف والكرم والضيافة والإنسانية لدى الناس في الشرق الأوسط، وخاصة الناس من السعودية. هذه الصفات مبنية على معتقداتهم الأساسية وتعاليمهم وقيمهم. بكل بساطة، هي مبنية على أساس الإله (الله) في حياتهم.

إلى القارئ، من فضلك احتفظ بعقل مفتوح. هناك الكثير مما يمكننا تعلمه من تجارب بعضنا البعض ومن الثقافات الأخرى حول العالم. آمل أن تستمتع

بهذه القصص، لأنها تمثل جزءًا صغيرًا جدًا مما اختبرته وتعلمته.

مايكل ف. أندرو
الرياض، المملكة العربية السعودية
لاكونيا، نيو هامبشاير، الولايات المتحدة الأمريكية

الجزء الأول: سنوات بداية المسيرة المهنية في الولايات المتحدة الأمريكية

قدمت لي الولايات المتحدة الكثير من الأشياء الجيدة. منحتني طفولة رائعة مليئة بالذكريات الرياضية، التي غرست فيّ مستوى معين من الثقة التي كنت أحتاجها كشاب. من خلال اكتساب مهارات وإنجازات معينة في الرياضة، لم يكن لدي خيار سوى تعلم التواضع من الفشل الذي يأتي من عدم الفوز دائمًا وأحيانًا الأداء السيئ. كما وفرت لي الولايات المتحدة أساسًا رائعًا في تعليمي ومسيرتي المهنية المبكرة. في السنوات اللاحقة، خيبت أملي. كان ذلك للأفضل. على الرغم من أنني فخور بإنجازاتي، إلا أنني ممتن أيضًا للألم والنكسات. إنها قصة شائعة نختبرها جميعًا، وهي

تقدم دروسًا عظيمة في الحياة. الأمر يتعلق بالمثابرة وكيف أن الأمور تنتهي دائمًا بالعمل للأفضل.

تبدأ قصتي بالنشأة في منطقة بوسطن ثم الانتقال إلى أدوار في الشركات في منطقتي شيكاغو وميلووكي. بالتأكيد تم تكوين ذكريات ودروس مدى الحياة بينما كنت أتحرك قدمًا في رحلتي الشخصية والمهنية.

كنت محظوظًا جدًا حيث لي إحدى الشركات تكاليف دراسة الماجستير في إدارة الأعمال (طالما حافظت على معدل 3.0 أو"ب"، وهو ما يجب أن يحقق النجاح بشهادة ماجستير في الأعمال "ام.بي.اي") وقامت شركة أخرى بدفع تكاليف دراساتي بعد الماجستير. كان الحصول على درجة الماجستير في إدارة الأعمال أحد الأهداف المهنية الأولى. كما كانت جدتي الإيطالية، إرمينيا ("ميني") سيمونيلي

تشيانتشيولي، تقول لي: "لا أحد يستطيع أن يأخذ منك تعليمك".

بخلاف ذلك، كانت مسيرتي المهنية معركة شاقة نموذجية، كما هو الحال بالنسبة لمعظم المهنيين الشباب. لا أعتقد أن جميع المهنيين في العمل سيختبرون يومًا طريقًا سلسًا ومستقيمًا للأعلى. أتمنى لو كان الأمر بهذه السهولة. أصفها مثل الاستثمار في سوق الأسهم على المدى الطويل. المسيرة المهنية النموذجية لها صعود وهبوط، الكثير من خيبات الأمل والإحباطات والنكسات والأبواب المغلقة. لكنها بعد ذلك تفتح أبواباً جديدة وفرصاً أفضل في كثير من الأحيان. في النهاية، مثل الاستثمار في الأسهم، ستتحقق مسيرتك المهنية بمرور الوقت إذا ثابرت وعملت بجد. أحب أن أقول إن "الأمور دائمًا تنتهي للأفضل"، حتى عندما يكون من الصعب الشعور بذلك في بعض الأحيان.

كما تقول كلمات الأغنية الشهيرة لغارث بروكس، "أشكر الله على الصلوات غير المستجابة." في الأغنية، صلى الشخص بشدة لحدوث شيء ما. لم يحدث ذلك. كانت تلك الصلاة غير المستجابة مدمرة لذلك الشخص. لكن الله كان لديه خطة أفضل، وفي النهاية، تحققت الأمور بشكل أفضل بكثير، ولذلك "اشكر الله على تلك الصلاة غير المستجابة." القول المسلم لهذا المفهوم هو "خيرة" - المصطلح الإسلامي لهذا المفهوم هو "خيرة" - أي أن الله يعلم ما هو أفضل لنا وأن الأمور ستسير على أحسن وجه تحت توجيهه.

في بداية مسيرتي المهنية، عملت بجد وأملت أكثر. واجهت العديد من العقبات كما نفعل جميعًا، لكنني بذلت قصارى جهدي للاستمرار في التقدم في العمل والدراسات العليا. استغرق الأمر عدة سنوات للحصول على وظيفة بعد التخرج من الجامعة.

كانت وظيفة في مجال التمويل حيث كان الجميع من حولي متخصصين في المحاسبة أو التمويل. لم تكن الوظيفة المثالية، وبالتأكيد لم تكن نقطة قوتي لأنني لم أتخصص في التمويل أو المحاسبة. لكنها كانت وظيفة. في نهاية المطاف، أفادني هذا بشكل كبير في سنواتي اللاحقة حيث قمت في النهاية بتدريس "التمويل للمديرين غير الماليين" وطبقت خبرتي المالية في تدريب المديرين والتنفيذيين وأعضاء مجالس الإدارة على فهم وتفسير البيانات المالية. الأمور تنتهي إلى أفضل حال في النهاية - خيرة.

أعتقد أنني فعلت كل الأشياء الصحيحة بتثقيف نفسي والعمل بجد والتركيز على الأهداف المهنية. شققت طريقي في السلم الوظيفي إلى أدوار متوسطة إلى عليا. لكنني بعد ذلك خرجت، أخذت فرصة، وبدأت عمل استشاري عالمي. كتبت كتابًا، وتم

عرضه على قناة فوكس مورنينغ نيوز في بوسطن. حقق مبيعات جيدة، وحصلت على رسائل تشجيعية من بعض الأشخاص المعروفين الذين قرأوا الكتاب وأعجبهم. تجاوزت السنوات الخمس الأولى من عملي الاستشاري أفضل سيناريو لدي من حيث الدخل وأسلوب الحياة والسفر حول العالم مع شركات فورتشن 100 وشركات استشارية مثل ماكينزي وآرثر دي ليتل. كان عملي هو الذي فتح لي الفرصة للعمل في الشرق الأوسط، بدءًا من عميل في دبي وأبو ظبي. كانت تجربة مذهلة مليئة بالتجارب الحياتية والدروس المستفادة، والتي ستكون في النهاية تغييرًا للحياة والإلهام لهذا الكتاب.

لدي العديد من الذكريات الجيدة عن رحلاتي العالمية عندما كنت أدير عملي الاستشاري: الجمال الخصب في اسكتلندا، القرية الهادئة والريفية في

كيتزبوهيل، النمسا، الاستمتاع بجزيرة سنتوسا في سنغافورة، المراحل الأولى من دبي وأبو ظبي، وبالطبع في جميع أنحاء الولايات المتحدة. لدي العديد من القصص، لكن اسمح لي بمشاركة هذه القصة معك.

في رحلتي المهنية المبكرة، عملت بجد وأملت أكثر. واجهت العديد من العقبات كما نفعل جميعًا، لكنني بذلت قصارى جهدي للاستمرار في التقدم في العمل والدراسات العليا. استغرق الأمر عدة سنوات للحصول على وظيفة بعد التخرج من الجامعة. كانت وظيفة في مجال التمويل حيث كان الجميع من حولي متخصصين في المحاسبة أو التمويل. لم تكن الوظيفة المثالية، وبالتأكيد لم تكن نقطة قوتي لأنني لم أتخصص في التمويل أو المحاسبة. لكنها كانت وظيفة. في النهاية، خدمتني هذه التجربة بشكل جيد للغاية في السنوات اللاحقة حيث قمت

بتدريس "التمويل للمديرين غير الماليين" وطبقت معرفتي المالية في توجيه المديرين والتنفيذيين وأعضاء مجالس الإدارة حول فهم وتفسير البيانات المالية. الأمور تنتهي دائمًا للأفضل في النهاية — خيرة.

أعتقد أنني فعلت كل الأشياء الصحيحة بتثقيف نفسي والعمل بجد والتركيز على الأهداف المهنية. شققت طريقي في السلم الوظيفي إلى أدوار متوسطة إلى عليا. لكنني بعد ذلك خرجت، أخذت فرصة، وبدأت عمل استشاري عالمي. كتبت كتابًا، وتم عرضه على قناة فوكس مورنينغ نيوز في بوسطن. حقق مبيعات جيدة، وحصلت على رسائل تشجيعية من بعض الأشخاص المعروفين الذين قرأوا الكتاب وأعجبهم. تجاوزت السنوات الخمس الأولى من عملي الاستشاري أفضل سيناريو لدي من حيث الدخل وأسلوب الحياة والسفر حول العالم مع

شركات فورتشن 100 وشركات استشارية مثل ماكينزي وآرثر دي ليتل. كان عملي هو الذي فتح لي الفرصة للعمل في الشرق الأوسط، بدءًا من عميل في دبي وأبو ظبي. كانت تجربة مذهلة مليئة بالتجارب الحياتية والدروس المستفادة، والتي ستكون في النهاية تغييرًا للحياة والإلهام لهذا الكتاب.

لدي العديد من الذكريات الجيدة عن رحلاتي العالمية عندما كنت أدير عملي الاستشاري: الجمال الخصب في اسكتلندا، القرية الهادئة والريفية في كيتزبوهيل، النمسا، الاستمتاع بجزيرة سنتوسا في سنغافورة، المراحل الأولى من دبي وأبو ظبي، وبالطبع في جميع أنحاء الولايات المتحدة. لدي العديد من القصص، لكن اسمح لي بمشاركة هذه القصة معك.

كان عندي مهمة لمدة أسبوعين في ميلانو، إيطاليا. بما إني نص إيطالي، كنت متحمس جدًا للرحلة دي. أثناء وجودي في ميلانو، صديق عزيز وقريب لي مدى الحياة، وكان رئيس لوكالة حكومية أمريكية معروفة، اقترح عليّ أن اذهب الى روما خلال عطلة نهاية الأسبوع لأن بامكانه ان يرتب لي جولة خاصة في الفاتيكان. بسبب دور صديقي، كان يشتغل عن قرب مع الأمن الخاص للبابا. في الحقيقة، هو قابل اثنين من الباباوات ـ البابا يوحنا بولس الثاني والبابا بنديكتوس السادس عشر. تم ترتيب زيارتي للفاتيكان في عطلة نهاية الأسبوع لمقابلة الحرس السويسري. كان واحد من وكلاء الحماية الأنيقين للبابا بنديكتوس مستنيني جنب سيارة فاخرة. تجولنا حوالي الفاتيكان في المكان الذي البابا ياخد فيه مشيته اليومية. رأيت نسخة طبق الأصل من مغارة لورد في فرنسا. لورد هو

المكان الذي يُقال إن العذراء مريم ظهرت فيه لفتاة فرنسية شابة تدعى برناديت سوبيروس في عام 1858. كان عند نسخة المغارة حيث يتوقف البابا للصلاة يوميًا. رأيت القطار الخاص بالبابا والمروحية وحتى مكان دفن العديد من الباباوات المتوفين. رأيت مكان دفن البابا يوحنا بولس الثاني، وحتى رأيت التابوت الزجاجي للبابا يوحنا الثالث والعشرين، الذي يُشار إليه غالبًا بـ"البابا الطيب" والبابا الذي أتذكره كطفل صغير. كان هناك، في ملابسه البابوية وبوضوح تام. بطريقة ما، تم الحفاظ على جسده. أتذكر شعوري بأن كل مسام في جسدي يغرق في رهبة مما استطعت رؤيته بعيني خلال تلك الزيارة.

أثناء القيادة، سألت الوكيل الإيطالي، "هل تقدم جولات خاصة مثل هذه كثيرًا؟" بلكنة إيطالية، قال، "لا، ليس كثيرًا. آخر مرة فعلت ذلك كانت مع

سيلفستر ستالون." لا يزال هذا الذكرى يجلب لي ضحكة جيدة.

بينما كانت أعمالي تتجاوز توقعاتي، وقعت هجمات 11 سبتمبر في مدينة نيويورك وواشنطن العاصمة. تبع ذلك واحدة من أسوأ حالات الركود في تاريخ الولايات المتحدة. انتقلت من عيش الحلم إلى عيش أسوأ كابوس. كان الأمر مدمرًا ومحرجًا. بعد بضع سنوات، اضطررت إلى إعلان الإفلاس، وفقدت كل أموالي وتمت مصادرة منزلي الجميل على البحيرة في نيو هامبشاير من قبل البنك. بدء عمل تجاري دائمًا ما يكون مخاطرة. مع المخاطرة يمكن أن تأتي مكافآت كبيرة أو خسارة كبيرة. لقد اختبرت كلاهما. أنا ممتن لتجربة الاثنين - نعيم إنجازاتي والغضب الشديد لفشلي. إدارة والتغلب على الأوقات الأكثر اضطرابًا وإذلالًا هو شيء أنظر إليه الآن بفخر.

بعد 10 سنوات من إدارة عملي الاستشاري الخاص وفي أوائل الخمسينيات من عمري، لم أتمكن من الحصول على مقابلة من أي شركة، على الرغم من خبرتي الكبيرة وتعليمي وإنجازاتي. أعتقد أن العمر، وأهداف العمل الإيجابي، واستراتيجيات التنوع كانت عوامل مؤثرة، على الرغم من أن كل شركة في الولايات المتحدة تدعي أنها لا تميز بناءً على العمر أو العرق.

كنت مفلسًا وأكاد أعيش عندما تلقيت مكالمة غير متوقعة من عميل سابق. كانوا يريدون التحدث معي عن دور إداري في الشركة. طاروا بي إلى أبو ظبي. لم يكن لدي بطاقة ائتمان لاستخدامها كتأمين في الفندق بسبب إفلاسي، ولكن الفندق سمح لي بتسجيل الدخول لأن الشركة كانت واحدة من أكبر وأكثر الشركات احتراماً في المنطقة.

في صباح اليوم التالي، تم نقلي إلى مقر الشركة حيث التقيت بفريق من التنفيذيين. وصفوا لي إعادة الهيكلة الأخيرة وأشاروا إلى دور أرادوا مني أن أعتبره. لم تكن مقابلة؛ كانت مجرد مناقشة حول إعادة الهيكلة واهتمامي بالدور. مازحتهم بأنهم كان بإمكانهم القيام بذلك عبر الهاتف. ردوا: "لم نرك منذ فترة، مايك، لذا أردنا رؤيتك." انتقلت من أن أكون مفلسًا تمامًا بلا أموال للبقاء، إلى أن أصبحت نائب رئيس شركة متعددة المليارات.

عندما أقول إن الشرق الأوسط أنقذني، أقولها بكل ما في كياني. لم يهتموا بعمري (55 عامًا في ذلك الوقت) أو بأنني لم أكن مناسبًا لملف التنوع والإنصاف والشمول. كانوا يهتمون فقط بقدرتي على أداء العمل وقيّموا العلاقة التي بُنيت على مر السنين. أستمر في شكر الله على الصلوات غير المستجابة — خيرة.

عندما وصلت إلى دبي في نوفمبر 2009 لبدء وظيفتي الجديدة، كنت أعتقد أنني سأستمر لمدة ستة أشهر لأنني كنت لا أزال أبحث بجد عن عمل في الولايات المتحدة. كانت الولايات المتحدة موطني، وهناك كنت أرغب في أن أكون. كل أسبوع، كنت أقدم طلبات لحوالي 10 وظائف في الولايات المتحدة على مدار 6 سنوات و52 أسبوعًا في السنة. بحساب الرياضيات، يعني ذلك أنني قدمت طلبات لأكثر من 3,000 وظيفة في بلدي. كم عدد الردود التي تلقيتها؟ صفر. لم أتلق أي مكالمة هاتفية، ولا مقابلة واحدة. على الرغم من ذلك، استمررت في المضي قدمًا والمثابرة. بقيت ممتنًا لدوري التنفيذي الجديد، الذي أدى في النهاية إلى منصب نائب رئيس، والتعرف على أشخاص جيدين، والاستمتاع بالحياة في دبي. كان لدي أسباب جيدة للشعور بالبركة والاستمرار في

المضي قدمًا. لا أشك في أن الأمور كان من المفترض أن تكون بهذه الطريقة. بدأت أدرك أن الله لديه خطط لحياتنا. لذلك، نعم، لم ينقذني الشرق الأوسط فحسب، بل أعطاني حياة جديدة.

الجزء الثاني: الإمارات العربية المتحدة

(2014-2009) مقدمتي إلى الشرق الأوسط

أنا متأكد أن القارئ قد سمع عن كل الأشياء المدهشة في دبي، واحدة من الإمارات السبع في الإمارات العربية المتحدة. لديها أكبر كل شيء: أكبر المراكز التجارية، أطول مبنى في العالم، منتجعات مذهلة، فندق 7 نجوم، هندسة معمارية رائعة ومبتكرة، وأكثر من ذلك بكثير. لن أتحدث عن ذلك هنا. سأقول فقط إنني زرت دبي وأبو ظبي لأول مرة في يناير 1996 نيابة عن شركة استشارات عالمية كبيرة. عندما عدت في عام 2009 للعمل بدوام كامل، صدمت بالتغيير والنمو الهائل. بالكاد تعرفت على دبي التي تعرفت عليها من قبل. تحولت دبي إلى مدينة عالمية كبرى ومركز مالي دولي. أتمنى لو كان بإمكاني سرد

المزيد من القصص، ولكن لأغراض هذا الكتاب، سأبقيها قصيرة.

دبي يسكنها في الغالب مواطنون من دول أخرى. مع كون معظم السكان من غير الإماراتيين، وبما أنها الآن مدينة دولية ووجهة سياحية، فإن دبي لا تتمتع بالشعور الشرق أوسطي الخالص، رغم أن هناك ما يكفي من الثقافة العربية التي تتكون من اللطف والضيافة الرائعين للشعب الإماراتي.

تعلمت العديد من الدروس القيمة أثناء العيش في الإمارات العربية المتحدة. كان لدي مكتب في كل من دبي وأبو ظبي. بناء الثقة من خلال إدارة العلاقة مع مديري كان درسًا رئيسيًا. تم توظيفي في البداية في دور تحت إشراف امرأة إماراتية موهوبة كانت أصغر نائب رئيس في تاريخ الشركة، وكذلك أول نائبة رئيس في تاريخ الشركة. كانت في مسار تنفيذي متسارع. كانت الشركة

واحدة من أقدم الشركات في الإمارات العربية المتحدة ومنطقة الخليج. كانت علامة تجارية معروفة ومحترمة. دورها كنائبة رئيس كان يسبب لها التوتر حيث بدت وكأنها تكافح. في البداية، كنت مستاءً واشتكي لأنني لم يُسمح لي بفعل العديد من الأشياء التي أردت القيام بها وما تم توظيفي من أجله. كانت تتجنب المخاطر بعناية شديدة. لم يكن يتم إنجاز أي شيء حقًا. أدركت أن شكاوي واستيائي لن يوصلني إلى أي مكان. لذا، في يوم من الأيام، دخلت مكتبها. أخبرتها أنني هنا لمساعدتها والفريق وأردت أن أراها تنجح. هذا الجهد البسيط فتح العلاقة. بدأت الثقة تتأسس. وثقت بي في العديد من القضايا. في يوم من الأيام، بعد بضعة أشهر، استدعتني إلى مكتبها. سلمتني مذكرة سرية وقالت: "مايك، أريد أن أشاركك هذا، وأنت أول من يرى هذا." كانت رسالة استقالتها.

كنت مذهولًا بعض الشيء لكنني أدركت بسرعة أنه لا ينبغي أن أتفاجأ حيث بدت وكأنها تكافح. كان تعليقها التالي: "وأنا أوصي بك لتكون نائب الرئيس القادم".

جميع المديرين، حتى أعلى المستويات التنفيذية، يحتاجون إلى كل المساعدة التي يمكنهم الحصول عليها. أعتقد أن لدينا جميعًا مسؤولية غير مكتوبة لإدارة العلاقة مع مديرنا. لا يتم تدريس هذا يُعتبر في مدارس الأعمال أو في تدريبات القيادة. رئيسك في العمل، على الأرجح، أهم صاحب مصلحة بالنسبة لك. وينطبق هذا سواء كنت رئيساً تنفيذياً تقدم تقاريرك إلى رئيس مجلس الإدارة، أو نائب رئيس يقدم تقاريره إلى الرئيس التنفيذي، أو مهنياً مبتدئاً يقدم تقاريره إلى مدير. تقدم وابحث عن طرق لمساعدتهم. هناك مقولة: "أبعد رئيس رئيسك عن ظهر رئيسك".

قبل أن أصبح نائب رئيس، كنت على وشك الطرد. طُلب مني العمل مع المدير التنفيذي ووضع عملية تطوير فردية مخصصة لتعزيز قيادته وفهمه العام للأعمال. كان من المفترض أن يكون تدريبًا خاصًا، فرديًا، على غرار التدريس الشخصي من أساتذة مدارس الأعمال، وشركات الاستشارات، وما إلى ذلك. لذا، بدأت العمل في تحديد مجالات التطوير ذات الأولوية لهذا المدير التنفيذي. بدأت في الاتصال بشبكتي من مدارس الأعمال وشركات الاستشارات. اتضح أن شركتنا كانت مليئة ببعض من أفضل شركات الاستشارات (ماكينزي، مجموعة بوسطن الاستشارية، وغيرها). تحدثت إلى أحد الشركاء في المكتب الأوروبي في إحدى هذه الشركات والذي كنت أعرفه جيدًا. شرحت له المتطلبات والنطاق وما يمكن أن تقدمه شركته من خبرة وتدريس مخصص. لم أذكر أبدًا أنه كان

للمدير التنفيذي. ومع ذلك، بدا أن هذا المستشار يفترض أنه المدير التنفيذي. ثم ذكر هذا للشريك الموجود في شركتنا. رأى هذا الشريك الاستشاري المدير التنفيذي في المصعد وذكر له أنهم في طور تقديم عرض لتدريبه وتعليمه. شعر المدير التنفيذي بالإحراج والغضب. صرخ في وجهي رئيسي الأعلى، الذي بدوره كان يصرخ عليّ ويطالب برأسي. لحسن الحظ، ومع الحقيقة إلى جانبي، لم أخبر أيًا من مدارس الأعمال أو شركات الاستشارات المحتملة بأن هذا كان للمدير التنفيذي (وبالمناسبة، لا ينبغي أن يكون هناك أي خطأ في ذلك). عندما استدعاني إلى مكتبه، بدأت في الهجوم وأشرت بإصبعي وأصبحت عدوانيًا معه، قائلاً بشكل أساسي، "كيف تجرؤ على افتراض ذلك عني!" لم يتوقع ردة فعلي وعمق اقتناعي الصادق بأنني ألام على شيء لم يحدث. في النهاية، اعتذر،

وصافحني، واستمررت في العمل. مديري الحالي في ذلك الوقت (نائبة الرئيس) كانت في المكتب خلال هذه المواجهة، وأخبرتني لاحقًا أنها لم ترَ أحدًا يتحدث إلى رئيسنا الكبير بتلك الحزم والثبات. بعد شهر واحد، تم تعييني نائبًا للرئيس.

"أبو" و"أم": واحدة من الأشياء الجميلة التي أعجب بها في الثقافة العربية هي أن كل أب، بجانب اسمه، لديه أيضًا اسم "أبو"، وكل أم لديها اسم "أم". يعني "أبو" "أب لـ" و"أم" تعني "أم لـ". اسم "أبو" أو "أم" عادة ما يكون اسم الابن الأول أو الطفل الأكبر. بما أن طفلي الوحيد هو ابن اسمه مايكل، فإنهم غالبًا ما يشيرون إليّ بـ"أبو مايكل" أو "أبو مايك"، مما يجلب دائمًا ابتسامة إلى وجهي وشعورًا بالفخر. تخيل محاولة تذكر اسمين لكل شخص! أرى أن معظم الناس يُشار إليهم في العمل باسم "أبو" الخاص بهم. يستخدمون "أبو" و"أم" كعلامة

على الاحترام للشخص الآخر بدلاً من مناداته باسمه الأول. ينطبق هذا أيضًا سواء كانوا أميرًا، أو شيخًا، أو مديرًا تنفيذيًا، وما إلى ذلك. إذا لاحظت في "الشكر" في بداية هذا الكتاب، أشير إلى كل شخص دعمني بأسماء "أبو" و"أم" الخاصة بهم إلى جانب أسمائهم الحقيقية.

" إِنْ شَاءَ ٱللَّهُ ": تعبير شائع جدًا في الشرق الأوسط هو العبارة العربية "إِنْ شَاءَ ٱللَّهُ". تعني "إذا أراد الله". على سبيل المثال، إذا وضعت خططًا مع شخص ما، قد تقول: "سأراك غدًا"، وقد يرد هو: "إِنْ شَاءَ ٱللَّهُ". لا تعني "ربما". بل تأتي مع الفهم والإيمان بأن كل شيء في الحياة في يد الله.

ما المضحك في حادث سيارة؟ أحد زملائي، فيصل، الذي كان نائب رئيس في شركتنا وصديقًا جيدًا، حصل لي على صفقة جيدة لتأجير سيارة. في أول يوم أقود فيه من دبي إلى مكتبي الرئيسي في

أبو ظبي، قبل دقائق من الوصول إلى المكتب،
قررت الرد على بريد إلكتروني على هاتفي. كان
هذا خطأً فادحًا. نتيجة لكتابة رد على البريد
الإلكتروني، اصطدمت بالسيارة التي أمامي. كان
الخطأ بالكامل خطأي. كان سائق السيارة الأخرى
جنرالًا عسكريًا. كان رجلًا نبيلًا حقيقيًا. كان أكبر
همي هو كيف سأشرح هذا لصديقي فيصل، الذي
بذل جهدًا كبيرًا للحصول لي على صفقة جيدة في
هذا التأجير. ذهبت إلى مكتبه، ويبدو أنه فهم من
نظرة وجهي وسأل، "هل تعرضت لحادث؟" قلت
نعم، وفيصل، كعادته، انفجر ضاحكًا واتصل فورًا
برئيس شركة التأجير. كانوا يتحدثون بالعربية
ويضحكون بشكل هستيري! أدركت أنه لا داعي
للانزعاج أكثر. استبدلت شركة التأجير السيارة في
ذلك اليوم (كانت سيارتي قد تعرضت لأضرار

كبيرة). يذكرني هذا بالدرس من أوسكار وايلد بأن "الحياة مهمة جدًا لتؤخذ على محمل الجد".

الابن الأكبر للرئيس المصري السابق أنور السادات: في إطار عملي مع شركتي في الإمارات العربية المتحدة، كان مطلوبًا مني زيارة فرعنا المصري. كنت في اجتماع مع أحد أكثر الرجال تواضعًا الذين قابلتهم على الإطلاق - الابن الأكبر لأنور السادات، الرئيس السابق لمصر من 1970 إلى 1981. اسمه جمال. كان جمال رئيس مجلس إدارة شركتنا المصرية ورجلًا مثيرًا للإعجاب وذو خلق عالي. أظهر حضورًا تنفيذيًا لا مثيل له. أتذكر لقائي معه خلال استراحة والتحدث عن والده، الرئيس السابق، وتأثير وفاة والده على الجمهور الأمريكي وعليّ شخصيًا. كان شرفًا لي أن ألتقي بشخص يتمتع بهذا التواضع.

القاهرة، مصر: الجهود التي بذلتها شركتنا في مصر لجعلي أشعر بالترحيب كانت لا مثيل لها. عندما هبطت في القاهرة، كنت أنزل على درجات الطائرة إلى المدرج لأخذ حافلة مع الركاب الآخرين إلى الصالة للمرور عبر الجمارك. أثناء نزولي على الدرجات، كانت هناك سيارة مرسيدس-بنز سوداء لامعة مع سائق يقف أمام السيارة ينتظر راكبًا. فكرت في نفسي، "يجب أن يكون هناك شخصية مهمة على متن الطائرة." عند أسفل الدرجات قبل دخول الحافلة، نظرت إلى السائق الذي كان يحمل لافتة. كان عليها اسمي. كان ذلك مفاجأة بالتأكيد. قادني إلى الصالة، حيث اصطحبوني إلى صالة خاصة بها أرائك مريحة وأعدوا لي بعض القهوة. أخذ شخص ما جواز سفري وأخبرني أن أكون مرتاحًا بينما كان يعالج دخولي للجمارك. من هناك، قادوني في سيارة

فاخرة أخرى إلى الفندق، حيث كان مدير الفندق العام ينتظر بالخارج لتحيتي. قام بتسجيل دخولي ثم اصطحبني شخصيًا إلى غرفتي التي تطل على نهر النيل. كانت هذه هي المرة الأولى والوحيدة، وأنا متأكد أنها ستكون الأخيرة، التي جعلوني أشعر بأنني مميز بشكل خاص. أشارك هذه القصة لأنها ذكرى جميلة.

مراقبة سلامتي: يجب أن أعطي شركتي السابقة الفضل. كان لدينا قسم لإدارة المخاطر والأزمات الذي كان ينظر ليس فقط إلى مخاطر الأعمال وخطط التخفيف للمبادرات الاستراتيجية الرئيسية المتعلقة باستراتيجيتنا، ولكن أيضًا إلى مخاطر السفر لأولئك الذين يسافرون لأغراض العمل. إذا حدثت حالة خطرة أثناء السفر، كان لديهم فريق إدارة أزمات جاهز للعمل. نظرًا لأننا كنا نقوم بأعمال في بعض البلدان التي تعتبر محفوفة

بالمخاطر، كان من الشائع أن تكون لدينا خطط استباقية في مكانها في حال تعرض ممثل الشركة لخطر محتمل أثناء السفر لأغراض العمل. كنت في القاهرة خلال رحلة أخرى عندما اكتشفنا أنه كان هناك تخطيط لانتفاضة "الربيع العربي". قامت شركتي بقطع رحلتي وأمرتني بالعودة في اليوم التالي. قاموا بتعديل تذكرتي، وعدت إلى دبي دون أي مشاكل. أنا ممتن لهذا اليوم.

رفض عرض العمر والالتواءات غير المتوقعة و"الخيرة" التي نتجت: خلال سنتي الخامسة في الإمارات العربية المتحدة، حصلت بشكل غير متوقع على وظيفة العمر. لم تكن وظيفة تقدمت لها، لكنها كانت وظيفة أحلم بها، وظيفة تتماشى مع طموحاتي المهنية. تم عرض دور مربح جدًا عليّ مع شركة "إيه تي آند تي" في دالاس، تكساس. كان من المفترض أن يوفر لي ثلاث خطط مكافآت،

ومنحًا سنوية كبيرة من الأسهم، ومكانًا في خطة الخلافة. كان هذا سيكون الخاتمة المثالية لمسيرتي المهنية في الشركات. لهذا السبب أكملت ماجستير إدارة الأعمال والدراسات العليا الأخرى. عملت بجد طوال حياتي من أجل هذه اللحظة. وكان من المفترض أن يعيدني إلى الولايات المتحدة. ذهبت إلى حد إجراء اختبار المخدرات. لمدة أسبوعين، لم أتمكن من اتخاذ قراري النهائي. كان يجب أن يكون الأمر سهلًا. كنت غاضبًا ومخيبًا من نفسي لكوني غير حاسم. كان هناك شيء قوي جدًا يجذبني من الداخل، أكثر بكثير من مجرد شعور داخلي. أؤمن حقًا حتى اليوم أنه كان تدخلًا إلهيًا. كانت هذه هي المرة الأولى والوحيدة التي شعرت فيها بشيء قوي جدًا. كان شعورًا عميقًا، حدسًا قويًا، أو جذبًا لم أختبره من قبل وربما لن أختبره مرة أخرى. كان العرض للعودة إلى الولايات المتحدة في مثل هذا

المنصب المربح ودور مع شركة من العشر الأوائل في فورتشن واضحًا وكان يجب أن يكون سهلًا. كان يحقق جميع أهدافي وطموحاتي المهنية. كان من المفترض أن يضعني في وضع مالي مريح لبقية حياتي. رفضت العرض. كان ذلك غير مبرر باستثناء تلك القوة القوية التي تغلبت على المنطق والعقلانية لاتخاذ الدور.

حدثت ثلاثة أشياء نتيجة لذلك، والتي أعتقد أنها كانت هذا التدخل الإلهي الذي أجبرني على رفض الدور:

بعد شهرين، أبلغنا مجلس الإدارة الجديد، أنا ومديري، أنهم لن يقوموا بتمديد عقدي (الذي كان من المفترض أن يكون أمرًا مؤكدًا) على الرغم من أنني كنت أبلغ من العمر 60 عامًا. في الإمارات، سن 60 هو سن التقاعد لشركة حكومية أو شبه

حكومية (وهو ما كنا عليه). أراد المجلس الجديد إيقاف ممارسة استثناء تمديد عقود التنفيذيين بعد سن الستين. لقد رفضت للتو الوظيفة الأكثر ربحًا في حياتي، ولم يتم تجديد عقدي.

بعد حوالي أسبوعين من إبلاغي بأنه سيتعين عليّ التقاعد بعد بضعة أشهر عندما أبلغ 60 عامًا، تلقيت مكالمة غير متوقعة تمامًا من شركتي الحالية. يسلط هذا الكتاب مزيدًا من الضوء على هذه الفترة المهمة في حياتي.

هنا الجزء الأكثر أهمية: بعدم قبولي لدور "آي تي أند تي" في دالاس، تكساس، انتهى بي الأمر بإنجاب طفلي الوحيد، وهو ابن. وُلد ابني بصحة جيدة تمامًا في الفلبين. في ظل ما يبدو أنه ظروف مشبوهة وإجراءات طبية مشكوك فيها، انتهى الأمر بابني بإصابة في الدماغ. وفقًا لأخصائي الدماغ من مستشفى آخر الذي أجرى تصويرًا بالرنين

المغناطيسي على دماغه، كان السبب الأكثر احتمالاً هو نقص الأكسجين للدماغ أثناء إجراءات طبية مشبوهة وربما غير ضرورية وسلسلة من العمليات الجراحية. أظهر التصوير بالرنين المغناطيسي أنسجة دماغية ميتة (غير قابلة للاسترداد)، ووفقًا لهذا الطبيب، فإن الطفل لا يولد بهذه الحالة. ابني، مايكل تود، هو أنقى وأبرأ طفل يمكن أن تقابله. اعتبارًا من كتابة هذه السطور، هو في التاسعة من عمره. لن يكون قادرًا على الكلام أبدًا، ولا يزال لا يستطيع تناول الطعام، فقط حليب الأطفال، ولا يزال يرتدي الحفاضات. هو تكريسي في الحياة ونعمة خالصة منحها لي الله. هل كان هذا هو سبب التدخل الإلهي؟ حتى اليوم، لا أزال أؤمن بوجود سبب وهدف لعيش ابني على هذه الأرض. كل ما أعرفه الآن هو أنه هدية ثمينة بقلب نقي وبريء يريد فقط أن يُحب ويحبك بالمقابل. هو نعمة

خالصة. لقد بارك حياتي بحب عميق وحماية وأعطاني شعورًا أعلى بالهدف والتفاني.

الآن يأتي الجزء الخاص بي من الكتاب: المملكة العربية السعودية. هذه هي تجربتي غير المتوقعة والأكثر امتنانًا، والتي فتحت فصلًا جديدًا ومدهشًا في حياتي.

الجزء الثالث: المملكة العربية السعودية

الشعب، الثقافة، والقيم

وما زالت مستمرة حتى كتابة) 2014 ---- 2024 (هذه السطور

كنت متوترًا جدًا عندما انتقلت إلى الرياض، المملكة العربية السعودية. على الرغم من أن دبي كانت مدخلي إلى الشرق الأوسط، إلا أن تفاعلاتي المذهلة والمغيرة للحياة مع شعب المملكة العربية السعودية حيث اختبرت اللطف والترحيب والقبول اليومي المستمر. لم أكن أتوقع هذا. لقد كانت تجربة تغير الحياة. أتمنى لكل شخص، طوال حياته، أو على الأقل في مرحلة ما من حياته، أن يختبر ما اختبرته. يذكرني هذا بفيلم دينزل واشنطن الذي صدر في عام 2023، "إيكوالايزر 3". الشخصية، روبرت ماكول، التي يلعبها دينزل واشنطن، يقع

في حب سكان هذه القرية الإيطالية الصغيرة ويدرك أنه ينتمي إلى هناك - كل ذلك بسبب الطريقة التي يُستقبل ويُعامل بها، والمظاهر المستمرة وغير المتوقعة من اللطف. هذا ما شعرت به كل يوم في المملكة العربية السعودية".

بعد تقاعدي المنظم من الحكومة من دوري كنائب رئيس في الإمارات العربية المتحدة، عُرض عليّ دور في شركة معروفة في الرياض. سمحوا لي بالاستفادة من خبرتي وتولي دور استشاري يشمل التعيينات التنفيذية، تخطيط التعاقب، تطوير المواهب، تدريب القادة الحاليين والمحتملين، وإدارة فريق من المدربين الداخليين والخارجيين. أواصل في هذا الدور حتى اليوم (وقت كتابة هذه السطور). كما أتيحت لي فرصة مع شركة أخرى حيث كنت مستشارًا لثلاثة مجالس، وعضوًا في اللجنة التنفيذية، وقمت بقيادة الجهود لإنشاء لجنة من

مجلس الإدارة، وهي لجنة رأس المال البشري والتعويضات، بينما كنت أعمل كمسؤول تطوير المواهب والقيادة.

اسمحوا لي أن أشارككم بكل سرور عينة صغيرة من قصصي اليومية عن اللطف والكرم والاحترام والضيافة التي حظيت بشرف تجربتهاأولاً، أعتقد أنه من المهم مشاركة درس حياة عميق عن خير الإسلام وتوافقه مع المسيحية. يحترم المسلمون المسيحية. أعتقد أن المسلمين أكثر مسيحية من كثير من المسيحيين (والذي سأشرحه). لم أكن لأتعلم هذه الدروس إذا كنت قد استمريت في العيش في الولايات المتحدة.

الله كأساس للحياة

في السعودية، ومع كل المسلمين، حياتهم تبدأ بإيمانهم بالله كأساس. السعوديون، وكل المسلمين،

يؤمنون، ويؤمنون بصدق، بالله. إله واحد. هذا هو الوصية الأولى من الوصايا العشر لموسى، أي إله واحد. يتم تعليم المسيحيين هذا، بدءًا من الوصية الأولى من الله لموسى. موسى كما يشير إليه المسلمون، هو نبي معترف به في الإسلام. حتى أن يسوع أنشأ "صلاة الرب"، التي تبدأ بـ"أبانا الذي في السماوات، ليتقدس اسمك." ثم هناك الصلاة الكاثوليكية التي تُتلى في الكنيسة وتبدأ بـ"أؤمن بالله، الآب القدير، خالق السماء والأرض، وكل ما هو مرئي وغير مرئي...".

الإيمان الإسلامي، كما هو مذكور في القرآن، يؤكد ما كتب في التوراة اليهودية، والأناجيل المسيحية، وكذلك ما كتبه الأنبياء من قبل.

لا يمكن للمسلم أن يكون مسلماً إذا لم يؤمن بعيسى (عيسى)

لا يمكن للمسلم أن يكون مسلماً إذا لم يؤمن بعيسى (عيسى). هذا يفاجئ العديد من الأمريكيين الذين أتحدث معهم. المسلمون يبجلون عيسى (يشيرون إليه باسم "عيسى"). وكلما ذكروا اسم عيسى (عيسى)، يقولون على الفور "عليه السلام". وهذا بالضبط ما يقولونه عندما يذكرون اسم نبيهم محمد. يقولون "عليه السلام". يعتقدون أن عيسى هو الذي سيعود، وليس النبي محمد. يؤمنون بأن عيسى كان رجلاً عظيماً ونبياً وأنه ولد من العذراء مريم. يُذكر عيسى في جميع أنحاء القرآن الكريم. لديهم قصص عن بعض معجزات عيسى، خاصة وهو طفل، لم يسمع بها المسيحيون من قبل. يعتقدون أن عيسى كان نبياً وليس إلهاً، ولا ابن الله. من قراءاتي في العهد الجديد، الكتاب المقدس المسيحي، لم يشر

عيسى إلى نفسه قط على أنه الله. كان دائماً يصلي إلى الله باعتباره "الأب". لقد أكد على الوصية الأولى من موسى - إله واحد.

المسلمون لا يصلون لمحمد. إنهم يصلون لله، الإله الواحد. وبما أن الله يلعب دوراً أساسياً في حياة السعوديين، فلن ترى أي انقسام، بل احتراماً عميقاً لبعضهم البعض، وحباً للأسرة، والتزاماً واضحاً بتعاليمهم. لا يوجد جدل حول ما يشكل الرجل أو المرأة. في الواقع، هم يؤمنون بآدم وحواء وأن آدم كان نبياً، كما كان نوح وإبراهيم وإسحاق ويعقوب وداود وموسى وعيسى ومحمد وغيرهم. يعتقدون أن محمداً (صلى الله عليه وسلم) كان آخر نبي من الله.

تعاليم الإسلام والقرآن هي امتداد للمسيحية. إذا قرأت قصة حياة وتاريخ النبي محمد (صلى الله عليه وسلم)، الذي ولد بعد حوالي 500 عام من وفاة

عيسى، ستتعرف على رجل لطيف وغفور
ومتواضع للغاية عزز وعاش تعاليم عيسى وجميع
الأنبياء وتوسع في تلك التعاليم كما ورد في القرآن
الكريم.

يأمر القرآن الكريم المسلمين بالتحدث بلطف
واحترام مع المسيحيين وجميع الأديان (سورة
المائدة: 82، سورة البقرة: 62، سورة المائدة: 69،
سورة الصف: 14، إلخ). المسيحيون محترمون
ومكرمون في الإسلام لإيمانهم بالله واتباعهم للكتب
المقدسة. يعتبر المسيحيون "أهل الكتاب". يشجع
القرآن على الحوار وتبادل الأفكار مع المسيحيين
بطريقة عادلة ورحيمة. يُعلَّم المسلمون التحدث
بلطف مع المسيحيين، لأنهم الأقرب إليكم في
الإيمان. يقول القرآن: "ولتجدن أقربهم مودة للذين
آمنوا الذين قالوا إنا نصارى ذلك بأن منهم قسيسين
ورهباناً وأنهم لا يستكبرون". كما يقول القرآن: "يا

أيها الذين آمنوا كونوا أنصار الله كما قال عيسى ابن مريم للحواريين من أنصاري إلى الله".

الإيمان بمريم (مريم) والحبل بلا دنس

مثل المسيحيين، يؤمن المسلمون بقوة بمريم (مريم) والحبل بلا دنس. هناك سورة كاملة في القرآن مخصصة لمريم (يشار إليها باسم مريم، وهو اسم شائع جداً للإناث في الإسلام). ليس فقط مريم، بل يتم وصف عائلتها ووالديها في القرآن. مريم هي المرأة الوحيدة في القرآن المذكورة باسمها. حتى زوجات النبي محمد لم يذكرن بأسمائهن. يؤمنون بمريم ويكرمون مكانتها الرفيعة بين جميع النساء بقوة وبطريقة خالصة وموحدة. يؤمن المسلمون بكل هذا، بما في ذلك معجزة الحبل بلا دنس، حتى أكثر من عامة السكان المسيحيين في البلدان التي تصبح أكثر علمانية. تقول آية من القرآن عن مريم: "يا مريم إن الله اصطفاك وطهرك واصطفاك على

نساء العالمين". تقول الصلاة المسيحية المعروفة عن مريم: "السلام عليك يا مريم، يا ممتلئة نعمة، مباركة أنت في النساء...".

الإيمان بالملائكة

يتوافق الإيمان الإسلامي مع المسيحية في إيمانه بالملائكة، بدءاً بأبرز رؤساء الملائكة، جبريل (المشار إليه باسم جبريل) وميخائيل (ميكائيل). كان جبريل هو الذي تلا القرآن مباشرة على النبي محمد، الذي كان أمياً ومع ذلك كان قادراً على تلاوة رسالة الله كلمة بكلمة من خلال الملاك جبريل. كان جبريل أيضاً هو الذي أعلن مجيء عيسى ليوحنا المعمدان.

بعض الأمثلة على التعاليم العملية (الحديث) للدين الإسلامي

أعطاني زميل مرة كتاباً بعنوان "200 حديث". هذا الكتاب معتمد من رئاسة البحوث الإسلامية والإفتاء والدعوة (الرياض، المملكة العربية السعودية)، ووزارة الإعلام (مكة المكرمة، المملكة العربية السعودية)، ورابطة العالم الإسلامي (مكة المكرمة، المملكة العربية السعودية).

الحديث يعني "أقوال وأفعال النبي محمد" (صلى الله عليه وسلم). من قراءة الكتاب، وجدت أن التعاليم كلها تدور حول كونك إنساناً صالحاً كل يوم. يتناول الحديث العديد من جوانب الحياة، مثل الآداب، الحرب والسلام، التجارة، طلب العلم، الصحة، حقوق الأسرة، حقوق الوالدين، الزواج والطلاق، العمل الخيري، الديون، وغيرها. أتمنى لو أستطيع مشاركة المزيد من التعاليم، ولكن إليكم بعض الأمثلة مما اكتشفت:

ـ قتل شخص بريء: "من قتل نفساً بغير نفس أو
فساد في الأرض فكأنما قتل الناس جميعاً ومن
أحياها فكأنما أحيا الناس جميعاً" (القرآن، سورة 5،
الآية 32). المسلمون في الشرق الأوسط هم من
أكثر الناس سلاماً ولطفاً الذين قابلتهم في حياتي.
إنهم ليسوا إرهابيين. في الواقع، هم يكرهون
الإرهاب، وإذا وجدوا خلية إرهابية، صدقوني، يتم
التعامل مع تلك الخلية وهؤلاء الإرهابيين بسرعة
وشدة. نحن فقط لا نسمع عن ذلك. المسلمون في
الشرق الأوسط هم أكثر الناس توجهاً نحو الأسرة
وترحيباً ولطفاً الذين قابلتهم على الإطلاق. لطالما
شعرت بأمان كبير للمشي في أي مكان أو التواجد
في أي مكان. الولايات المتحدة هي دولة مسيحية،
وكان الكو كلوكس كلان منظمة قائمة على
المسيحية، وحدثت مؤسسة العبودية في الجزء

الجنوبي من دولة مسيحية، ومع ذلك فإن تلك الممارسات بالتأكيد لا تمثل تعاليم المسيحية.

ـ الصدقة والأعمال الصالحة: وفقاً للحديث، "كل معروف صدقة". قول كلمة طيبة صدقة، التقاط القمامة من الشارع صدقة، العدل بين اثنين صدقة، مساعدة الآخرين صدقة، لقاء شخص بوجه بشوش صدقة، إلخ. ويستمر الأمر. بالطبع، التبرع في حدود إمكانياتك للأشخاص أو العائلات المحتاجة يعتبر صدقة، وهو أحد أركان الإسلام الخمسة، ويسمى الزكاة. يقول الحديث: "كل سلامى من الناس عليه صدقة، كل يوم تطلع فيه الشمس تعدل بين اثنين صدقة، وتعين الرجل في دابته فتحمله عليها أو ترفع له عليها متاعه صدقة، والكلمة الطيبة صدقة، وبكل خطوة تمشيها إلى الصلاة صدقة، وتميط الأذى عن الطريق صدقة". "لا تحقرن من المعروف شيئاً ولو أن تلقى أخاك بوجه

51

طلق". "إن الله لا ينظر إلى أجسامكم ولا إلى صوركم ولكن ينظر إلى قلوبكم وأعمالكم". كما يقول الحديث: "تواصوا وتراحموا حتى تكونوا كما أمركم الله إخواناً، ولا يحل لمسلم أن يهجر أخاه فوق ثلاث". أرى هذه المجاملة الخالصة كل يوم مع الشعب السعودي، حيث يكونون لطيفين معي بشكل يومي. هناك أحاديث أخرى حول الآداب والأعمال الصالحة فيما يتعلق بالحسد والغيبة وصفات "الرفق" و"التسامح". القائمة تطول. هذه هي الممارسات والسلوكيات التي أراها كل يوم.

- حسن الخلق: يقول الحديث: "البر حسن الخلق"، والبر يشير إلى أي عمل صالح. "إن الله رفيق يحب الرفق في الأمر كله". "إطعام الطعام وإفشاء السلام على من عرفت ومن لم تعرف". تحية "السلام عليكم" تعني "السلام عليكم". التواضع وعدم إظهار التفوق من حسن الخلق. الحديث عن شخص من

وراء ظهره والحسد أو الغيرة غير مقبول. لقد حظيت بامتياز تناول العشاء في منازل الناس، وأحب عندما أرى الجميع يذهبون إلى الأكبر سناً ويقبلون جبينه حباً واحتراماً. إنه أمر جميل أن نراه. أراه عندما يقبل الإخوة الأصغر سناً جبين أخيهم الأكبر. يقول الحديث: "ليسلم الصغير على الكبير". أرى هذا طوال الوقت، وهو جزء جميل من ثقافتهم. تقول التعاليم إن "الله ينظر إلى القلوب وينظر إلى الأعمال". تحية "السلام عليكم" الشائعة عند تحية شخص ما تعتبر عملاً صالحاً وحسن خلق.

- الأسرة والأقارب - والنساء والزوجات يعاملن بشكل جيد جداً: يقول تعليم نبيهم: "أكمل المؤمنين إيماناً أحسنهم خلقاً، وخياركم خياركم لنسائهم". هذا صحيح جداً بغض النظر عما نسمعه في وسائل الإعلام. تعامل النساء والزوجات باحترام وفقاً

لتعاليمهم. أرى كيف تعامل النساء باحترام كبير كل يوم في مكان عملي. شيء بسيط مثل مصعد ممتلئ وامرأة تريد الصعود، سينزل رجل من المصعد حتى تتمكن المرأة من الصعود. عصيان الوالدين غير مقبول (وهذه أيضاً إحدى الوصايا العشر لموسى، التي تنص على "أكرم أباك وأمك"). يتم تكريم الأمهات والآباء حقاً في المجتمع العربي. يعلم هذا الحديث أنه من غير المقبول لأي شخص أن يقطع علاقاته مع عائلته بعدم زيارتهم أو مساعدتهم ـ "لا يدخل الجنة قاطع". هذا هو السبب في أنني أرى باستمرار رابطة عائلية. المزيد عن الوالدين، "إن الله حرم عليكم عقوق الأمهات". وبالحديث عن الأمهات، يعلم الحديث أيضاً أن أهم شخص في العائلة هو الأم، وثاني أهم شخص هو الأم، وثالث أهم شخص هو الأم... ثم الأب. يقول الحديث: "جاء رجل إلى رسول الله صلى الله عليه

وسلم فقال: يا رسول الله، من أحق الناس بحسن صحابتي؟ قال: أمك. قال: ثم من؟ قال: أمك. قال: ثم من؟ قال: أمك. قال: ثم من؟ قال: أبوك".

- الرفق بالحيوانات: حتى الرفق بالحيوانات، مثل إعطاء قطة أو كلب جائع أو عطشان طعاماً وماءً، ينظر إليه الله (الله) بشكل إيجابي. كما ورد في الحديث: "دخلت امرأة النار في هرة ربطتها، فلم تطعمها، ولم تدعها تأكل من خشاش الأرض".

"بينما رجل يمشي بطريق، اشتد عليه العطش، فوجد بئراً فنزل فيها، فشرب ثم خرج، فإذا كلب يلهث يأكل الثرى من العطش، فقال الرجل: لقد بلغ هذا الكلب من العطش مثل الذي كان بلغ بي، فنزل البئر فملأ خفه ماء، ثم أمسكه بفيه حتى رقي فسقى الكلب، فشكر الله له فغفر له". ويستمر ليقول: "في كل كبد رطبة أجر".

حقائق وملاحظات أخرى

معاملة النساء بشكل جيد جداً

بالنسبة لغير المسلمين والعديد من الغربيين، هنا مفاجأة: تُعامل النساء باحترام كبير وبالتأكيد بحب من عائلاتهن. النساء السعوديات فخورات جداً ببلدهن وثقافتهن وإيمانهن. يتم معاملتهن باحترام بالغ. هذا مخالف تماماً للتصور الذي تم خلقه، إلى حد كبير، من قبل وسائل الإعلام. أتحدث من تجربة وملاحظات واقعية مباشرة. كل ما عليك فعله هو سؤال أي امرأة سعودية. هن يرتدين العباءات لأنهن يردن ذلك. في الواقع، يجب أن ترى الأنماط والألوان الرائعة والجميلة للعباءات اليوم. إنها تتعلق بالموضة الآن. إذا كن يغطين وجوههن، فذلك بسبب قرار عائلي أو شخصي. دينهن لا يتطلب من النساء تغطية وجوههن. كما ذُكر سابقاً،

تنص تعاليم الإسلام على أنه يجب على الرجال معاملة زوجاتهم باحترام وأن أهم ثلاثة أشخاص في العائلة هم: 1) الأم، 2) الأم، 3) الأم. ثم يأتي الأب بعد ذلك.

المملكة العربية السعودية تفتح عالم الشركات والمهن للنساء. أعمل مع بضعة آلاف من النساء السعوديات وأندهش من ذكائهن وأهدافهن المهنية وطموحهن ودافعهن للإنجاز وتواضعهن وقوتهن وحسهن الفكاهي الرائع. العديد في شركتي مصنفات كـ "قادة ذوي إمكانات عالية". رؤيتهن يظهرن حضورهن التنفيذي ويقدمن بثقة ومضمون وبصيرة أمر مثير للإعجاب.

على الصعيد الشخصي، أحد أدواري هو التعيينات التنفيذية. هذا يعني أنني أدخل في المرحلة النهائية من تعيين شخص ما للترقية إلى منصب مدير عام أو نائب رئيس. بالطبع، نحاول الترقية داخلياً أولاً،

ولكن أحياناً نوظف من الخارج. لعبت دوراً محورياً في التوصية بتوظيف أول مديرة تنفيذية في شركتنا. منذ ذلك الحين، طُلب مني تدريبها للترقية إلى المستوى التالي. لقد لعبت أيضاً دوراً في التوصية بنساء موهوبات أخريات لأدوار المدير العام. كانت هذه التعيينات مستحقة وجديرة بالاهتمام. بما أنني أعمل مع العديد من النساء السعوديات، أدركت أنهن مثل النساء في كل أنحاء العالم ويتمتعن بحس فكاهة رائع. إنهن بنات وزوجات وأمهات رائعات، وهن يعتزن بتلك الأدوار بعمق كجزء من إيمانهن وتربيتهن".

أهمية الأسرة وتكريم الوالدين وكبار السن

إحدى الوصايا العشر من موسى في الإنجيل هي "أكرم أباك وأمك". يكرم السعوديون والديهم طوال حياتهم. الحب والاحترام الممنوح للأمهات والآباء

حتى يغادروا هذه الأرض هو أمر عميق يجب ملاحظته. تعاليمهم (الحديث) وقيمهم متوافقة مع الوصايا العشر. يتم رعاية الوالدين من قبل أبنائهم وبناتهم البالغين. أعرف عدداً من كبار التنفيذيين في شركتي الذين يجعلونها ممارسة إما الاتصال بأمهاتهم أو والديهم كل ليلة أو التوقف لرؤيتهم قبل العودة إلى المنزل لزوجاتهم وأطفالهم. الأسرة هي كل شيء، ومن المخالف لتعاليمهم الانفصال عن الأسرة. حتى الإخوة الأصغر سناً يقبلون جباه إخوانهم الأكبر سناً. عندما تناولت العشاء في المنزل، أرى جميع الرجال يصطفون لتقبيل جبين أكبر رجل (عادة الجد) حباً واحتراماً. تبدأ الرابطة الأسرية بتكريم الأم والأب.

جمال رمضان

رمضان هو أحد أركان الإسلام الخمسة، وهو وقت خاص من السنة لجميع المسلمين. إنه وقت للصيام عن الأكل أو الشرب (من الفجر حتى الغسق) حتى أثناء العمل. إنه وقت للصلاة والتأمل والتفكر في علاقة المرء بالله، وقت للتعاطف والتضحية وضبط النفس. إنه وقت يشجع المرء على أن يكون مدركاً للنعم في حياتنا ومدركاً لأولئك الأقل حظاً، مما يتجلى في زيادة الكرم والصدقة والشعور بالمجتمع. ما يجعل رمضان خاصاً جداً للمسلمين هو الترابط بين الأسرة والأصدقاء والجيران. إنه أمر مدهش للمشاهدة. لقد تمت دعوتي إلى عدد من المنازل لكسر الصيام في المساء، والطعام غالباً ما يكون أكثر من وجبات عيد الشكر التي خبرتها على مر السنين في الولايات المتحدة. الفرق هو أن هذا يحدث كل ليلة لمدة شهر رمضان. يعزز رمضان حب الأسرة، والأسرة الأكبر، والأصدقاء،

والجيران. إنه وقت خاص جداً وأقدس وقت في السنة لجميع المواطنين السعوديين والمسلمين حول العالم. إنه جميل أن نرى الحب والترابط بين الأسرة والمجتمع أثناء التفكر في علاقتهم بالله وببعضهم البعض".

شكل الحكم الملكي

اسمحوا لي أن أشارككم آرائي وملاحظاتي وتجاربي حول شكل الحكم الملكي. هذا ما أراه بوضوح شديد. بعد أن نشأت في ظل الديمقراطية، كنت مشككاً طوال حياتي في أن أي شكل آخر من أشكال الحكم لم يكن جيداً بنفس القدر. لقد تعلمت منذ ذلك الحين أن هناك أشكالاً أخرى جيدة للحكم. منذ تأسيس المملكة العربية السعودية الحديثة عام 1932 على يد الملك عبد العزيز آل سعود، انتقل حكم المملكة إلى كل من أبنائه. كان كل ملك، بدءاً من الملك سعود، والملك فيصل، والملك خالد،

والملك فهد، والملك عبد الله، وصولاً إلى الملك الحالي سلمان (مع ولي العهد الأمير محمد بن سلمان، الذي يُشار إليه بمودة باسم "إم بي إس")، إيثارياً في السعي لتحقيق الخير الأعم للبلاد ومواطنيها. المواطنون السعوديون يحبون شكل حكومتهم. لا يوجد انقسام. هناك وحدة شبه كاملة. لن يرى المرء احتجاجات حيث يتم حرق المباني وحدوث نهب داخل المتاجر الصغيرة أو الكبرى. السعوديون فخورون ببلدهم وثقافتهم وأسرهم وملكهم وإلههم. يتم معاملة المواطنين السعوديين بشكل جيد جداً. ليس لديهم أي اهتمام على الإطلاق بتجربة شكل الحكم الديمقراطي. خلال جائحة كوفيد، قامت الحكومة بأشياء مذهلة لضمان رعاية ليس فقط مواطنيها بل حتى الوافدين مثلي بالتطعيمات الأصلية وجرعات التعزيز التي تلتها. بالعودة إلى شكل الحكم الديمقراطي، وهو شكل

حكم جدير بالإعجاب عندما يتم تطبيقه وفقاً للقصد. ولكن عندما تكثر النوايا والسلوكيات الخبيثة بشكل متكرر، أو عندما يتم تسييس الإنفاذ الفيدرالي ضد أولئك الذين لديهم وجهات نظر مختلفة، أو عندما يكون التعديل الأول الثمين الذي يضمن حرية التعبير في خطر، تكون هناك مخاطر خطيرة. أتذكر اقتباساً لونستون تشرشل، الذي قال: "إذا أردت أن تبني قضية ضد الديمقراطية، فقط تحدث إلى الناخب العادي لمدة خمس دقائق". السعوديون يحبون وحدتهم والتاريخ الإيثاري لملوكهم. إنه التوقيت المثالي لرؤيتهم 2030".

رؤية السعودية 2030

في عام 2015، أعلنت المملكة العربية السعودية عن رؤية طموحة لتتحقق بحلول عام 2030. كانت النتائج تحويلية - وهي كلمة غالباً ما يُساء

استخدامها في مجال الأعمال ولكن ليس في حالة هذه الرؤية السعودية. تركز الرؤية على ثلاث ركائز رئيسية: "اقتصاد مزدهر، ومجتمع حيوي، ووطن طموح". مثل العديد من الرؤى التي تبدو مثالية على الورق، كنت متشككاً. كانت بعيدة 15 عاماً، وقد تعلمت على مر السنين أنه ليس ما تقوله الرؤية بل ما تفعله الرؤية هو المهم. تبعت ذلك حملة دعائية مذهلة، واليوم، حتى وقت كتابة هذا التقرير في عام 2024، يبدو أن جميع المواطنين السعوديين على دراية بدرجات متفاوتة برؤية البلاد 2030. المواطنون السعوديون جميعهم موحدون، ولا يوجد دليل على الانقسام. ما هو مدهش هو أن الرؤية كانت تتحقق وما زالت تتحقق. التحول الرقمي واضح لتمكين اقتصاد مزدهر، وأمة طموحة، ومجتمع حيوي. لماذا يتم تحقيق هذه الرؤية فعلياً والمضي قدماً بهذه الطريقة المثيرة

للإعجاب؟ أعتقد أن ذلك بسبب طموحات ومواهب السعوديين، بالإضافة إلى القيادة القوية لولي عهدهم (محمد بن سلمان أو "ام بي س")، إلى جانب عملية تنفيذ مصممة ومركزة أدت إلى تقدم مذهل. قام صندوق الاستثمارات العامة السعودي (بي اي اف) بتمويل العديد من الشركات الجديدة لتنمية اقتصاد البلاد وازدهارها بعيداً عن صناعة الغاز والنفط. كان الغاز والنفط الركيزة الأساسية للاقتصاد السعودي لسنوات، ولكن لا يمكن لبلد أن يعتمد على صناعة واحدة مهيمنة فقط للحفاظ على نموه المستقبلي. هناك العديد من الشركات والصناعات المتنوعة قيد التنفيذ الآن. المملكة العربية السعودية في الصدارة عالمياً نحو أن تصبح اقتصاداً ممكّناً رقمياً. المملكة العربية السعودية تطير بزخم كبير، ولا يمكن للمواطنين السعوديين أن يكونوا أكثر اتحاداً وفخراً. انتبهوا للمملكة العربية السعودية.

كانت التغيرات الثقافية والمجتمعية منذ عام 2015 متسارعة، وتستمر التغييرات في الحدوث بطريقة مذهلة. التغيرات الاقتصادية ونمو الصناعات والشركات الجديدة تواكب التغيرات الثقافية والمجتمعية. لقد كنت أشهد عن كثب تحول المملكة العربية السعودية، ومرة أخرى، المواطنون فخورون جداً.

المواهب السعودية وأخلاقيات العمل: إنهم لا يضاهيهم أحد

في دوري، أعمل عن كثب مع المواهب القيادية من كبار التنفيذيين إلى خريجي الجامعات حديثي التخرج. أضع المواهب المهنية السعودية في المرتبة الأولى. بالمناسبة، أنا أشمل النساء أيضاً. يعتقد الكثير من العالم أن المملكة العربية السعودية تسيء معاملة نسائها. كما ذكرت سابقاً، هذا بعيد

كل البعد عن الحقيقة. لدينا نسبة عالية من النساء المختارات والمصنفات كـ "ذوات إمكانات عالية". إنهن طموحات ومنخرطات وملتزمات بعملهن ومسيرتهن المهنية تماماً مثل الرجال. لقد قمت بتدريب ولا زلت أدرب العديد من الرجال والنساء على جميع المستويات (من التنفيذيين إلى الخريجين الجدد)، لذلك أنا مقتنع بالموهبة والإمكانات المستقبلية. إنهم طموحون ويريدون تحقيق النجاح بنفس القدر الذي يريده أي شخص آخر. إنهم على استعداد للعمل بجد، والسعي لتحقيق النتائج، وتطوير وتنمية أنفسهم ليصبحوا في أدوار قيادية أو خبراء، وتقديم مساهمة ليس فقط لشركتهم ولكن لبلدهم أيضاً. هذا واضح جداً بالنسبة لي على أساس يومي. عملت عن كثب مع مئات من مستشاري ماكينزي قبل سنوات كمدرب. تعتبر ماكينزي على الأرجح أكثر شركات الاستشارات الإدارية مرموقة

في العالم. إنهم يوظفون من أفضل الجامعات حول العالم وأولئك الذين حققوا إنجازات أكاديمية متميزة. كما أنهم يوظفون المواهب الشابة المستعدة للعمل الجاد للتطور والنمو. أضع المهنيين الشباب والقادة ذوي الخبرة في شركتي والشركات السعودية الأخرى في المرتبة الأولى، بما في ذلك ماكينزي. الطاقة والدافع والحماس، والاستعداد للعمل الجاد وتطوير معرفتهم وقدراتهم واضح جداً بالنسبة لي. إنه أمر مثير للإعجاب حقاً. المستقبل مشرق للسعودية ومواطنيها.

الرعاية الصحية

كمغترب أمريكي يعمل في المملكة العربية السعودية، لا أدفع فلساً واحداً (أو ريالاً سعودياً) مقابل الرعاية الصحية. يتم توفير الرعاية الصحية لجميع الموظفين، وفي كثير من الحالات، حتى

لوالديهم! في عام 2016، تم إدخالي إلى المستشفى لمدة 12 يوماً بسبب التهاب الزائدة الدودية المثقوبة. كنت في بوسطن عندما حدث الثقب لكنني لم أدرك أنه كان مثقوباً. ركبت رحلتي تلك الليلة من بوسطن إلى دبي إلى الرياض مع زائدة دودية مثقوبة. لم يستطع الأطباء فهم كيف تعاملت مع الألم، لكن كانت لديهم نظرية. تسبب الثقب في التسمم وحتى الغرغرينا، وشعروا أنه خفف الألم. أخبرني الأطباء أنني كنت محظوظاً للنجاة دون حدوث صدمة إنتانية أو مضاعفات أخرى مرتبطة بهذا الحدث. خلال الـ 12 يوماً، كان لدي أنبوب تصريف في معدتي لتصريف كل السموم والمضادات الحيوية. كانت الرعاية الطبية مذهلة. بعد 12 يوماً، كانت تكلفتي الإجمالية من جيبي 100 ريال سعودي (حوالي 30 دولاراً أمريكياً). خلال جائحة كوفيد، تمت تغطيتنا جميعاً من قبل الحكومة

دون المساس بتأميننا الطبي. دفعت الحكومة السعودية مقابل لقاحات كوفيد وجرعات التعزيز للجميع (بما في ذلك المغتربين).

العمل مع أحد أفراد العائلة المالكة

أنا حساس بشأن هذا القسم لأنني أريد حماية خصوصية رئيسي السابق، وهو أحد أفراد العائلة المالكة السعودية. إنه صاحب السمو الملكي أمير، حاصل على ماجستير إدارة الأعمال من هارفارد، ذكي، يتمتع بحس فكاهة رائع، ورجل متواضع جداً. إنه من نسل ملكين (واحد من جهة أمه وواحد من جهة أبيه). أخبرني ذات يوم عن أول سيارة اشتراها له جده (ملك سابق). كنت أتوقع أن أسمع عن علامة تجارية فاخرة. ضحكت عندما أخبرني أنها كانت سيارة بويك قديمة مستعملة بلون بني قبيح. هذا يظهر القيم التي نشأ عليها والقيم التي

أراد الملك، جده، أن ينقلها إليه. كان هذا السيد رئيساً للأعمال العائلية. تم تكليفي بعدد من الأدوار الاستشارية التنفيذية ومجلس الإدارة لهذه الشركة. قصة خفيفة هنا: كنت أحضر اجتماع مجلس إدارة (دوري الاستشاري) مع أحد مجالس إدارة الشركات التابعة. كانت هذه الشركة التابعة تمتلك عدداً كبيراً من المطاعم الشعبية والمدارة جيداً. قرر المجلس تناول الغداء في أحد المطاعم المفتتحة حديثاً. انتهى بي الأمر في السيارة مع صاحب السمو الملكي وهو يقود. وصلنا إلى المطعم، وكان جميع الموظفين ينتظرون بحماس لمقابلة صاحب السمو الملكي. دخلنا المطعم والموظفون كلهم مصطفون لتحيته. كنت خلفه مباشرة، أصافح الجميع، ولم يكن لديهم أي فكرة عمن أكون باستثناء أنني رافقت صاحب السمو الملكي. يمكنك القول إن

هذه كانت 15 دقيقة من الشهرة الخاصة بي (أو بالأحرى 3 دقائق).

عندما اتصلت بصاحب السمو الملكي أثناء كتابة هذا الكتاب، أخبرته أن مسودتي تضمنت جزءاً صغيراً عنه. طلبت إذنه وعرضت عليه إذا كان يريد مراجعة ما كتبته. كان لطفه وتواضعه واضحين عندما قال: "لا بأس يا مايك. لست بحاجة إلى مراجعته. أنا أثق بك، وحظاً موفقاً مع الكتاب".

الكرم والضيافة

هذا هو المجال الذي جمعت فيه العديد من القصص. أنا ممتن جداً ومشرف بأنه تمت دعوتي إلى منازل الناس لتناول الغداء أو العشاء. في الولايات المتحدة، في نوفمبر، لدينا أحد أكثر أعيادنا شعبية ـ عيد الشكر. إنه يوم يأكل فيه الضيف العادي مثلي الكثير من الطعام لدرجة أننا بالكاد

نستطيع المشي بعد ذلك. كوني ضيفاً في منزل سعودي، فإن كمية الطعام تكون ضعف أو ثلاثة أضعاف. المضيفون لا يرضون إذا تناولت وجبة واحدة فقط. يريدونك أن تتناول ثلاث وجبات على الأقل! حتى إذا قال أحدهم "لا شكراً" للوجبة الثانية أو الثالثة، فإنهم سيضعون المزيد من الطعام في طبقك سواء أردت ذلك أم لا (غالباً ما أضحك عند رواية هذه القصص). السعوديون يريدون فقط معاملتك كضيف مهم جداً. إنه جزء من ثقافتهم وقيمهم وأسلوب حياتهم. أعتز بهذه الذكريات، وأنا ممتن إلى الأبد لمعاملتي بمثل هذه الضيافة.

ذات يوم، كنت في اجتماع. مر بي زميل (وصديق) لي، وهو مدير عام، وصادف أن قلت: "فهد، أحب العطر! ما هي الماركة؟" أخبرني: "إنه برادا." في اليوم التالي، كنت في مكتبي، وتلقيت مكالمة من سكرتيرة فهد. قالت السكرتيرة: "مايك، يود فهد أن

تأتي إلى مكتبه. لديه شيء لك." ذهبت إلى مكتبه، وكانت هناك هدية ملفوفة بشكل جميل، وبداخلها زجاجة من عطر برادا. تعلمت درسي بألا أجامل أحداً على عطره، أو قلم جميل (نعم، حاول أحدهم إجباري على أخذ قلمه مون بلان باهظ الثمن، الذي أثنيت عليه ببراءة). كسبت تلك المعركة بإخباره أنني أحب ثقافة الكرم السعودية ولكن من فضلك احترم ثقافتي في المجاملة عندما أرى شيئاً يستحق المجاملة. إنه توجيه وتعليم النبي محمد (صلى الله عليه وسلم): "لا تعتبر مؤمناً حتى تكرم ضيفك." اليوم، أنا حذر جداً بشأن تقديم مجاملة على منتج يملكه شخص ما شخصياً.

أخيراً، اسمحوا لي بالعودة إلى الأيام التي سافرت فيها لأول مرة إلى دبي وأبو ظبي في أوائل عام 1996. كنت أقوم بتيسير جلسة مع أهم 100 مدير تنفيذي، بدءاً بأعلى 20 منهم. تقريباً الجميع جاء

ودعاني لقضاء أحد أيام عطلة نهاية الأسبوع معهم حتى يتمكنوا من إطلاعي على بلدهم، الإمارات العربية المتحدة. قبلت عرض أول تنفيذي دعاني. قضى يوم إجازته بأكمله في اصطحابي بالسيارة عبر خمس من الإمارات السبع. كان يوماً مذهلاً. مجرد لفتة أخرى من اللطف والضيافة التي تعتبرها الثقافة أمراً مسلماً به ولفتة سأتذكرها دائماً، بما في ذلك اسم التنفيذي (يحيى)".

الشعور بالترحيب والمعاملة بلطف

هناك الكثير من الحديث حول العالم عن "التنوع والشمول". ومع ذلك، فإن الشرق الأوسط، وشركتي أيضاً، يقدران التنوع ويعتقدان أن التنوع من أجل التنوع غير مكتمل إذا لم يتزامن ويتوافق مع جعل الجميع يشعرون بالشمول. إليكم تجربتي من أعماق قلبي:

قصة أخيرة عن الترحيب والشعور بالتقدير من قبل الشعب السعودي: على عكس بلدي الأم، الذي منحني بداية جيدة في حياتي المهنية وزودني بتعليم لا يقدر بثمن سأكون دائماً ممتناً له، لم تهتم المملكة العربية السعودية والشرق الأوسط بكوني في الستينات من عمري. ما اهتموا به هو 1) جودة العلاقة و 2) الثقة في قدرتي على المساهمة بقيمة للمنظمة. النتيجة النهائية هي أنهم قدموا تسهيلات خاصة للسماح لي بمواصلة العمل والمساهمة حتى سن السبعين. هذه واحدة من أعلى المجاملات وإظهار التقدير التي شهدتها في حياتي.

ماذا عن وجهة نظر متوازنة: هل هناك مجالات ليست إيجابية للغاية؟

حسناً، أدرك أن كل ما قرأته حتى الآن يبدو إيجابياً جداً عن المملكة العربية السعودية والشرق الأوسط.

يجب أن أوازن هذا الكتاب بمجالات للتحسين.
الأول بالنسبة لي هو القيادة المجنونة والإطلاق
المستمر لأبواق السيارات. أقول هذا بقليل من الخفة
والابتسامة، لكنه صحيح. كان أحد قراراتي الأولى
عندما انتقلت إلى الرياض، المملكة العربية
السعودية، هو عدم استئجار سيارة والقيادة ولكن
إيجاد سائق شخصي. قدت سيارتي الخاصة في دبي
وأبو ظبي ولكن ليس في المملكة العربية السعودية.
لا أستطيع أن أخبرك كم مرة اضطررت فيها إلى
إجراء مناقشة جادة مع سائق أوبر جعلني أشعر
بعدم الأمان. لقد شهدت العديد من الحوادث، ليست
حوادث خطيرة، ولكن حوادث صغيرة تقريباً كل
يوم تسبب تأخيرات في حركة المرور. الجزء
المثير للاهتمام هو أنه عندما يحدث حادث، يجب
أن تبقى السيارات في مكانها؛ يجب ألا تنتقل إلى
جانب الطريق. يجب عليهم الانتظار حتى تصل

شركة التأمين وتحقق بشكل مباشر. الشيء المثير للاهتمام الآخر هو أن كلا الطرفين في الحادث يكونان لطيفين ومحترمين تجاه بعضهما البعض.

كأمريكي، لست معتاداً على السيارات التي تطلق أبواقها دائماً. الأمريكيون لا يطلقون أبواقهم إلا إذا كانت ضرورة قصوى. يميل السائقون في أجزاء أخرى من العالم، بما في ذلك الشرق الأوسط، إلى إطلاق أبواقهم كثيراً. يبدو أن السائقين يجدون العديد من الأسباب لإطلاق أبواقهم. إذا توقفت عند إشارة مرور وتحولت الإشارة إلى اللون الأخضر، يمكنك الاعتماد على العديد من السيارات البعيدة خلفك لإطلاق أبواقها. لذلك، ما زلت أعتاد على الاستخدام الليبرالي للسائقين الذين يطلقون أبواقهم. في الولايات المتحدة، من المعروف عموماً أن المشاة لهم حق المرور، خاصة في ممر المشاة. ليس كذلك في البلدان الأخرى. العديد من السائقين

لن يتوقفوا للمشاة الذين يعبرون الشارع، حتى لو كانوا في ممر المشاة".

أفكار ختامية ـ حياتي المعززة

أحب زيارة جذوري في مسقط رأسي خارج بوسطن ومنزلي في نيو هامبشير. أحب زيارة الساحل البحري لماساتشوستس، ومين، وكيب كود، وجزر نانتوكيت ومارثا'ز فينيارد. أحب العودة لتجربة جبال وبحيرات نيو هامبشير وريف فيرمونت. لكنني ممتن إلى الأبد للشعور بالترحيب المستمر باللطف والاحترام على أساس يومي من قبل أصدقائي الأعزاء وزملائي وجميع مواطني المملكة العربية السعودية الذين قابلتهم. أتمنى لو يمكن لكل شخص على هذا الكوكب أن يختبر نوع الترحيب واللطف الذي تلقيته. لقد كانت الحياة في المملكة العربية السعودية رحلة مذهلة بشكل غير

متوقع، وأنا ممتن إلى الأبد. لقد تعلمت مدى أهمية العيش في بلد حيث الأساس الأعظم والأقوى في حياتهم هو الله . الوحدة، وعدم وجود انقسام، وقيم وتعاليم حديثهم ونبيهم محمد (صلى الله عليه وسلم)، وإيمانهم بعيسى (عليه السلام) تمنحني ثقة لا لبس فيها بأن المملكة العربية السعودية ستحقق رؤيتها 2030 وما بعدها وستصبح قوة اقتصادية عالمية كبرى. في الواقع، رؤيتهم قيد التنفيذ بالفعل. إنها تحدث بالفعل. لا يتعين علينا الانتظار حتى عام 2030. يمكننا جميعاً أن نتعلم من قيم وثقافة المملكة العربية السعودية، تماماً كما يواصلون التعلم عما جعل أمريكا عظيمة. إنهم يحبون الولايات المتحدة الأمريكية. إنهم يتألمون ويشعرون بالارتباك مما يرونه (تراجع القيم وزيادة ظاهرة في العلمانية، مما يسبب انقساماً قوياً جداً). ما زلت أتمسك بالأمل والحب العميق والدائم لوطني الأم. كما أنني أتمتع

بالأمل والثقة وأطيب التمنيات للمملكة العربية السعودية لمواصلة الازدهار مع الحفاظ على قيمهم الأسرية (تكريم الوالدين ودور الأم كأول وثاني وثالث أهم شخص في الأسرة، وأن أفضل الرجال هم الذين يعاملون زوجاتهم بشكل جيد)، مع إظهار حسن الخلق والصدقة والأعمال الصالحة. أتمنى لأصدقائي السلام مع بعضهم البعض، مع الله كأساسهم وبوصلتهم في الحياة.